NOTICE

SUR

J.-C. RICHARD DE SAINT-NON,

Abbé commendataire de l'abbaye de Poultières, diocèse de Langres, amateur
honoraire de l'Académie de Peinture.

PAR GABRIEL BRIZARD.

NOTICE

SUR J.-C. RICHARD,

ABBÉ DE SAINT-NON.[1]

Au milieu des grands intérêts qui nous entraînent, qu'il nous soit permis d'arrêter un instant nos regards autour de nous. Nous avons besoin de soulager notre douleur : nous allons jeter quelques fleurs sur la tombe d'un ami.

Jean-Claude RICHARD DE SAINT-NON, doué d'une imagination vive, d'un caractère ardent, d'une âme sensible, était né pour les arts et pour l'amitié; ces deux divinités partagèrent et embellirent sa vie; il aurait voulu leur faire le sacrifice de tous ses instans; mais il fallait avoir un état dans le monde. Il était le puîné de plusieurs frères[2], on le fit donc abbé, et conseiller au parlement; il fallut, pour complaire à des parens chéris, prendre la tonsure et la robe. Saint-Non n'était pas plus fait pour la théologie que pour la chicane : sa vocation n'était ni de juger ni de

---

[1] Cette Notice, tirée à un très petit nombre d'exemplaires, n'a été envoyée qu'aux amis intimes de Richard de Saint-Non. Elle porte la date du 10 décembre 1791.

[2] Richard de Saint-Non était le plus jeune des fils d'un receveur général des finances et de mademoiselle de Boullogne, fille, nièce et petite-fille de premiers peintres du Roi. L'amour des arts circulait, pour ainsi dire, dans ses veines.

disputer; mais telle était alors la tyrannie de l'usage,
il fallut s'y conformer. Le jeune hommê prit à regret
cette double chaîne, en se promettant bien d'alléger
l'une et de briser l'autre le plus tôt qu'il lui serait
possible.

Il fut donc sous-diacre, mais ne voulut jamais
entrer plus avant dans les ordres : magistrat, il fit
son devoir, et suivit plusieurs années le palais.

Ce genre d'occupation l'attristait; il avait une
répugnance invincible pour les discussions d'intérêt.
D'ailleurs, il n'y trouvait point, comme tant d'autres,
les dédommagemens de l'amour-propre; il ne connut
jamais ces tristes jouissances. Sa douceur, sa modestie,
ses goûts simples et naturels, lui donnaient autant
d'éloignement pour tout ce qui est de pure représen-
tation que d'aversion pour les airs d'importance;
enfin, tout chez lui, jusqu'à son amabilité, contras-
tait avec la morgue de ce nouvel état.

Une jeune femme vint un jour le trouver pour lui
recommander une affaire dont il était le rapporteur;
elle le traitait de *Monseigneur*. Il en fut affligé; il la
fit asseoir, et lui dit : « Je ne suis point un monsei-
« gneur, je suis un de vos juges; soyez vous-même
« juste et vraie, et je vous ferai droit suivant ma
« conscience. »

Impatient du joug, il essaya de s'y dérober au
moins pour quelques instans; il demanda un congé,
et fit un voyage en Angleterre. Il toucha cette terre
classique de la liberté, et vint reprendre ses tristes
fonctions; il aurait succombé sous le poids du dé-
goût, si la musique, le dessin, la peinture, et surtout

la gravure, ne fussent venus à son secours pour lui procurer d'agréables distractions. Il faut l'avouer, les circonstances étaient bien propres à justifier et à augmenter ces dégoûts.

C'était le temps de ces fameuses et ridicules querelles entre les prêtres et les parlemens, qui déchiraient la France et scandalisaient l'Europe; il était question de je ne sais quelle bulle du pape, qu'on appelait *Constitution*, et de billets de confession qu'on exigeait des mourans. On se faisait une guerre ouverte; les évêques et les magistrats se lançaient mutuellement des arrêts et des anathêmes. La cour voulut les réduire au silence; chose impossible : la rage des partis ne fit que s'accroître. Le parlement fut exilé, les membres dispersés dans différentes villes; l'abbé de Saint-Non le fut à Poitiers, où il resta plus d'une année.

Je ne sais comment les autres magistrats soutinrent leur disgrâce; mais pour celui que nous regrettons, ce fut un des temps les plus heureux de sa vie. Rendu à une vie privée, jeté dans une société douce et choisie, il s'occupait beaucoup plus de musique et de dessin que de la bulle et des querelles du parlement; et dès-lors, il se livra tout entier à son goût pour les arts, qui ne faisait qu'augmenter chaque jour.

Son exil finit, ou plutôt il commença pour Saint-Non; il vint reprendre sa chaîne : elle devenait toujours plus pesante. Au lieu de s'apaiser, les troubles se rallumèrent; plusieurs années se passèrent dans ces agitations; les esprits s'aigrirent, la discorde régnait dans le parlement. Dans une assemblée secrète, ces messieurs avaient résolu de donner tous leur démission. Saint-Non, rentré chez lui, se hâte d'envoyer la sienne au chancelier. La nuit avait amené d'autres conseils; les *gros bonnets* se ravisent, et dès le matin on envoie chez chacun de *messieurs*, annoncer qu'on ne donnera pas sa démission. « J'en suis « fâché, dit Saint-Non, mais la mienne est partie. » Les affaires s'arrangent, le parlement se raccommode avec la cour. On boude le jeune conseiller; l'esprit de corps agit dans tout son despotisme : tant de tracasseries le lassent; il persiste, et donne personnellement sa démission.

Dans la joie de son âme, il envoie chercher le professeur qui lui avait enseigné le droit; et lui montrant ces livres tristement scientifiques : « Mon cher « ami, lui dit-il, je vous en prie, débarrassez-moi de « cela; vite, emportez tout; et que je ne les revoie « plus. » Lui-même il aide à les enlever, en fait charger deux voitures; puis, les voyant disparaître, il saute de joie : « Dieu merci, s'écrie-t-il, me voilà libre »; et il part pour l'Italie.

Depuis long-temps il brûlait de voir ces belles contrées. Ce voyage est pour un amant des arts ce qu'est celui de la Mecque pour un fidèle musulman; il faut le faire au moins une fois en sa vie. Le prix de cette charge qu'il avait vendue fournit aux frais de ce pélerinage : il gagnait doublement à ce marché, il échangeait de l'ennui contre la plus douce des jouissances, et vit enfin ces lieux, objet de ses désirs. [1]

---

[1] Années 1759, 1760 et 1761.

Ce fut pour lui une existence nouvelle, il se trouvait dans son élément; entouré des antiques chefs-d'œuvre des arts et des richesses de la nature, il se livrait tout entier à l'étude et à la contemplation de ces beaux modèles. Tantôt gravissant sur les sommets du Vésuve, et tantôt descendant sous les sombres profondeurs d'Herculanum, il vivait au milieu de ces ruines savantes et des débris de la nature, enrichissant ses tablettes et ses portefeuilles de tout ce qui frappait ses avides regards. Il évitait avec soin les grandes sociétés, les *monsignors*, pour lesquels il n'avait qu'une médiocre estime, et leur préférait les artistes, devenus ses amis et les compagnons de ses travaux, ou plutôt de ses plaisirs. Il s'applaudissait surtout d'avoir fait connaissance, et lié une amitié qui ne se démentit jamais, avec deux jeunes peintres qui, dès-lors, annonçaient le plus grand talent, et qui depuis ont bien justifié ces espérances, MM. Robert et Fragonard. C'est avec eux qu'il parcourut l'Italie, et qu'il moissonna ces riches productions qu'étalent en ces beaux climats les arts et la nature. Ils les confiaient à leurs crayons. Tout payait un tribut à leur active curiosité; et au lieu de froides descriptions, ils emportaient des images fidèles des lieux et des choses qui se pressaient sous leurs pas et les arrêtaient si agréablement dans leurs courses.

L'abbé de Saint-Non eut le bonheur d'habiter plusieurs mois de suite à Tivoli même, et dans la Villa d'Est, qui lui fut prêtée par l'envoyé de Modène : ce fut une de ses plus délicieuses jouissances. Chaque jour était marqué par la découverte d'un nouveau site, d'une beauté nouvelle, et par un dessin de plus pour ses portefeuilles. Enfin, il réunit une collection précieuse de tout ce qu'offre de plus intéressant cette patrie des arts; et, après deux ans de travaux, qui furent pour lui deux années de ravissement et d'extase, il s'arracha avec peine à ces délicieuses contrées.

De retour en France, il s'occupa des moyens d'y prolonger ses plaisirs. Il mit en ordre ce qu'il avait de plus curieux parmi ses dessins, en vases, monumens, statues et fragmens antiques, et se plut à les graver lui-même. « Il lui fallait, pour entreprendre une suite « aussi nombreuse, une manière de graver plus expé-« ditive que la gravure à l'eau-forte dont on se sert « ordinairement. Il a eu recours pour cela à un genre « qui imite les dessins lavés à l'encre de la Chine. » Ce genre avait déjà été employé par M. le Prince; mais cet artiste faisait mystère de son procédé. Saint-Non n'eut point de cesse qu'il ne l'eût découvert; il pressa M. Delafosse, graveur, avec qui il était lié dès l'enfance, de s'en occuper : il en dut la communication à son amitié. « Ce n'est point le même procédé, « mais il donnait les mêmes résultats; il en approchait « du moins par la rapidité de l'exécution. » C'est ce qu'il fallait à l'abbé de Saint-Non. Il s'y livre avec l'ardeur qu'il mettait à tout ce qu'il entreprenait, et bientôt on vit paraître la suite de Rome en soixante planches, qui furent très bien accueillies, et où l'on retrouve en effet, sous une touche vive et spirituelle, *la prima intenzione*, et tout le goût des modèles. Cette première collection fut suivie de plusieurs autres.

Ce succès et les exhortations de ses amis l'encouragèrent. Il ne s'agissait de rien moins que de donner un voyage pittoresque de toute l'Italie, ou du moins de Naples et de Sicile.

Ce voyage, tel qu'il a été conçu et exécuté depuis, était au-dessus des moyens d'un simple particulier. Plusieurs riches amateurs se réunirent pour cette entreprise; mais, bientôt fatigués des soins et des dépenses qu'elle entraînait, ils l'abandonnèrent. Tout le faix retomba sur l'abbé de Saint-Non, qui seul alors remplit les engagemens de la société envers le public, y consacra toute sa fortune et celle de son frère, et conduisit à sa perfection ce monument, que dix ans de travaux et de soins assidus purent à peine élever à la gloire des arts.

Il fallut tout le zèle et l'enthousiasme qu'on lui a connu, pour se soutenir dans une si longue carrière, et triompher de toutes les difficultés. Les seules avances à faire étaient capables d'effrayer. Aux nombreux trésors qu'il avait rapportés d'Italie, il fallut joindre de nouvelles richesses. Il y envoya de nouveaux artistes pour compléter cette immense galerie de vues et de tableaux de ce pays enchanteur : ils firent ce voyage sous les yeux d'un homme plein de talent et de goût qui voulut bien les diriger [1]. On leur fit choisir dans ce vaste champ les sites les plus riches et les plus intéressans sous tous les aspects.

Cependant Saint-Non dirigeait les artistes de Paris; il y mit une célérité qui prenait sa source dans son enthousiasme et dans l'activité de son caractère; et

[1] M. Denon.

bientôt parurent les premières livraisons du *Voyage Pittoresque*. Les autres se succédèrent sans interruption pendant dix années. [1]

Nous n'entreprendrons point de détailler les beautés que renferme ce grand ouvrage; nous n'apprendrions rien aux artistes et aux amateurs des arts, qui en font leurs plus chères délices, et nous essaierions vainement de peindre aux autres des objets qui échappent à l'analyse : il faut voir l'ouvrage même.

Ce fut pendant qu'il s'occupait de cet ouvrage que l'Académie de Peinture l'adopta comme amateur honoraire ; il fut reçu à l'unanimité : elle était due à ses talens, à ses connaissances, et peut-être aussi à l'aménité de son caractère, bien propre à réunir tous les suffrages.

Sa modestie embellissait encore ses qualités ; il semblait ne mettre aucun prix à ses travaux : ils avaient fait son bonheur, il était assez payé. Il ne s'en entretenait jamais que pour citer les gens de lettres et les artistes qui avaient concouru à embellir ce monument des arts. Quand on rendit compte de ce grand ouvrage, on en parla avec l'enthousiasme dont on ne pouvait se défendre. Celui qui fit cet extrait finissait par payer à la personne de l'auteur le tribut d'éloges qu'il méritait ; il s'exprimait à son égard avec ce ton de sensibilité et cet intérêt qu'inspirait bientôt l'abbé de Saint-Non à tous ceux qui étaient à portée de le connaître. Mais la modestie de l'auteur exigea le sacrifice de cet éloge ; il perdit quelques louanges, mais

[1] De 1777 à 1787.

il acquit un ami qui, depuis ce moment, lui fut bien tendrement attaché.

Vivant dans la plus haute société, chose étonnante! il n'y avait rien perdu de sa candeur; au milieu du grand monde, il n'y avait contracté que cette grâce facile qu'il savait mettre à tout, et qui était répandue dans toutes ses manières.

« Les grandeurs portent à la tête, disait-il; tel est « notre sort à nous autres, chétifs mortels. Plus on « est honoré, et plus on est sottifié. »

Durant son voyage d'Italie, le roi de Naples lui fit présent du magnifique recueil des gravures d'Herculanum, que ce prince était dans l'usage de donner aux étrangers considérables qui lui étaient présentés. « Apparemment, écrit Saint-Non à son frère, que je « suis, sans m'en douter, un homme fort considé- « rable. »

« Mes goûts sont très modérés, écrit-il ailleurs à « ce même frère; il n'est qu'un point sur lequel ils « ne font qu'augmenter, c'est celui de la liberté et « celui d'être aimé. Ah! il est certain que, sur ces « deux articles-là, je suis d'une jalousie terrible, et « n'entends rien à en faire le moindre petit sacrifice; « tout le reste m'est égal, et cela, tu peux le dire à « toute la terre. *Amicitia et libertas*, ce sont mes « divinités favorites. »

Sa seule inquiétude dans ce voyage était la crainte d'être oublié de ses amis. Tout avait rapport aux objets qui lui étaient chers : en entrant dans Saint-Pierre de Rome, étonné de la sublime simplicité et de la majesté religieuse de cette basilique, «Mon premier

« mouvement, dit-il, a été de penser à notre tendre
« mère. Hélas! que ne donnerais-je pas pour y adorer
« à côté d'elle le Maître de la terre! » [1]

Sa correspondance est remplie de pareils traits :
partout sa diction est facile, son style naturel et plein
de grâce ; il y règne un aimable abandon. Je voudrais
recueillir ces billets échappés à sa plume rapide et
sans fard : c'est là que l'âme se peint à nu ; c'est là que
j'aime à étudier le cœur humain. Les lettres de Sévi-
gné, la correspondance de Voltaire et de Frédéric,
les lettres de Jean-Jacques, me font mieux connaître
les hommes que cent volumes d'histoire.

Il était vif et passionné ; mais il n'eut que des goûts
honnêtes et des passions affectueuses ; il n'en connut
jamais d'autres. Quelques personnes eurent des torts
à son égard ; je ne sais si elles les lui ont pardonnés :
pour lui, son unique vengeance fut de n'en jamais
parler. Il témoignait son amitié avec franchise, et
n'exprimait son mépris que par le silence.

L'âme franche et douce de Saint-Non avait gagné
la confiance de Rousseau : peut-être cet ami de la
vertu et de la vérité avait-il démêlé dans son caractère
quelque chose d'analogue au sien ; peut-être la vive
sensibilité de Saint-Non le rendait digne de l'amitié
de ce grand homme. Quand il partit pour l'Italie,

---

[1] Dans cette même lettre, il ajoute : « Je suis persuadé que
« l'homme le plus altier, l'être le plus orgueilleux, y serait humi-
« lié.... Il est certain que pour des âmes grossières, attachées aux
« choses d'ici-bas, comme le sont les trois quarts des humains, il
« faut de ces effets-là, de ces grandes machines pour les émouvoir
« et les élever. »

Rousseau, alors retiré à Montmorency, lui avait donné
une lettre de recommandation pour M. Vernes, pas-
teur à Genève. Le passage de la lettre où Jean-Jacques remercie M. Vernes est trop honorable à la mémoire de Saint-Non pour le passer sous silence; le
voici :

« Je savais, mon cher Vernes, la bonne réception
« que vous aviez faite à l'abbé de Saint-Non; que vous
« l'aviez fêté; que vous l'aviez présenté à M. de Vol-
« taire; en un mot, que vous l'aviez reçu comme re-
« commandé par un ami. Il est parti le cœur plein de
« vous, et sa reconnaissance a débordé dans le mien. »

Que ces derniers mots caractérisent bien le sensible
Saint-Non! Il me semble lire sa lettre. On sent que
Jean-Jacques en était content. Ces deux âmes étaient
faites pour s'entendre; mais les événemens les ont sé-
parés : l'un allait embellir sa vie par la culture des
arts, auxquels il s'était dévoué tout entier; le grand
homme allait nous enrichir de ses chefs-d'œuvre, *le
Contrat Social*, *Émile*, *l'Héloïse*; et le prix de tant de
bienfaits était l'exil et la proscription.

Long-temps après il retrouva Jean-Jacques, à qui
l'on avait permis par grâce de respirer dans Paris. L'auteur d'*Émile* logeait au quatrième étage dans la rue qui,
d'après notre vœu, est maintenant honorée de son
nom. L'ami des arts offrit à l'ami de la nature quelques
gravures de ces paysages charmans dont il avait enri-
chi son *Voyage de Naples*. Rousseau, qui ne vit pas
dans cette offre, comme dans tant d'autres, l'intention
de l'humilier ou de le protéger, et qui ne croyait pas
tout le monde digne de lui faire un présent, si petit

qu'il fût, accepta ces estampes avec plaisir. Quelqu'un parla de les enluminer : « Non, non, dit Rousseau; « mon imagination y mettra les couleurs. »

Il le revit une dernière fois à Ermenonville : ce fut un beau jour pour Saint-Non, et même pour Jean-Jacques. On fit, après le dîner, une promenade sur le lac, dans des bateaux ornés de guirlandes de verdure. Dans l'île des Peupliers était placé, derrière le feuillage, un orchestre champêtre qui tout à coup fit entendre les plus charmans airs du *Devin de Village.* Rousseau fut vivement touché de cette attention délicate de son hôte et de son ami Girardin. Quelques larmes coulèrent de ses yeux. Hélas! il ne prévoyait pas qu'il dût si tôt en faire couler à son tour, et que cette île serait son tombeau. Ah! du moins ne l'arrachez pas de ce paisible asile. Au lieu de le transporter avec fracas dans nos cités, que l'île des Peupliers devienne bientôt un temple : c'est là, oui, c'est là que tous les cœurs sensibles doivent aller saluer son ombre et vénérer sa cendre.

Saint-Non fut lié avec un autre grand homme qu'on peut appeler le Rousseau du Nouveau-Monde : des amis communs les rapprochèrent. Il est bien glorieux pour lui d'avoir mérité l'estime et l'affection de tels hommes, qui ne prodiguaient pas ces sentimens. Francklin, à qui nul art n'était étranger, aimait à s'en entretenir avec Saint-Non. Il fut curieux de connaître le procédé ingénieux et si expéditif dont il se servait pour sa gravure au lavis. Le jour fut pris pour cela. Francklin vient déjeuner chez lui, et, tandis que le thé se prépare, on arrange la planche : tout est disposé ; Saint-Non se met à l'œuvre. Il s'était muni d'une presse ; on tire la planche, et il en sort une charmante gravure, où l'on voit le génie de Francklin planant sur l'hémisphère du Nouveau-Monde, et couronné des mains de la Liberté. Quelle agréable surprise pour le Brutus de l'Amérique ! Cette galanterie vraiment française rappelle celle dont Pierre-le-Grand fut l'objet au Cabinet des Médailles.

Dans la composition de son grand ouvrage, indépendamment de sa passion pour les arts, qu'il satisfaisait d'une manière si noble, il avait une autre jouissance non moins douce pour une âme telle que la sienne ; c'était d'être utile à une infinité d'artistes dont les talens étaient employés à enrichir et perfectionner cette belle collection : c'est lui qui les dirigeait tous. Il se livrait au travail avec une ardeur qu'il n'était pas maître de contenir. Dans un hiver rigoureux, il se levait tous les jours à six heures du matin ; et comme on lui représentait qu'avec une complexion aussi délicate que la sienne, il devait se ménager davantage, et qu'il altérait sa santé : « Eh ! mon ami, « dit-il, puis-je faire autrement ? Vous sentez bien que « ce n'est pas pour moi. Mais cette foule d'artistes in- « téressans dont l'existence est attachée à mon travail « peuvent-ils attendre ? »

Rien n'égalait la délicatesse et la noblesse de ses procédés avec eux : j'ai entendu dire qu'*il gâtait les artistes*, c'est-à-dire qu'il ne savait pas chicaner le talent et marchander le génie.

Parmi les traits de bienfaisance et de générosité qui honorent son caractère, nous citerons les suivans. Le

premier est un de ceux que le célèbre Robert aime à
raconter.

Ils avaient fait ensemble le voyage de Naples. Étant
dans cette ville, un jour le jeune Robert, qui ne né-
gligeait aucune occasion d'enrichir ses pinceaux, alla,
sans la permission du commandant, dessiner la cita-
delle de Naples, ce qui était expressément défendu.
Comme il finissait son dessin, un officier le surprend;
deux fusiliers l'arrêtent; il est conduit en prison.
L'artiste demande la permission d'envoyer un exprès
à l'abbé de Saint-Non, pour le prier de venir le trouver. Celui-ci vole, et arrive avant même que le com-
missionnaire fût de retour. Instances, prières, argent,
tout est mis en usage pour obtenir la liberté du jeune
artiste; il ne peut rien gagner. Enfin, pour grâce unique, il demande de prendre la place du prisonnier,
tandis que celui-ci irait chez l'ambassadeur. « Je prends
« tout sur moi, s'écrie-t-il ; et la vue de ce dessin
« suffira pour instruire l'ambassadeur. » En effet,
Saint-Non reste en otage ; Robert court chez le mi-
nistre de France, celui-ci vient en personne trouver
le commandant de la forteresse, lui dit qu'il se charge
des suites de cette affaire ; et en peu de temps elle est
terminée à la grande satisfaction de toutes les parties.
« Ce trait de générosité, d'amitié et d'intérêt pour les
« arts, ajoute M. Robert, ne s'est jamais effacé du
« cœur de son plus tendre ami. » Ce sont ses propres
expressions, qui les honorent l'un et l'autre.

Un peintre aujourd'hui célèbre avait reçu de lui,
en Italie et en France, des marques multipliées du
vif intérêt que lui inspiraient ceux qui, à des talens

distingués, joignaient des qualités aimables. Par un événement particulier, les productions de cet artiste acquirent tout à coup un prix extraordinaire. L'abbé de Saint-Non en possédait un grand nombre; il les lui donne en lui disant : « Mon ami, je faisais un cas in- « fini de tes ouvrages; mais j'ignorais le prix que les « autres y attachent. Je te les rends, afin que tu pro- « fites de la justice du public amateur, et que tu en « tires le parti avantageux que tu peux en espérer. »

M. Robert lui parlait un jour d'un sculpteur revenu de Rome qui, faute de moyens, ne pouvait s'occuper de son morceau de réception pour l'Académie. Les talens malheureux avaient un droit particulier pour exciter sa bienfaisance. Quoiqu'à cette époque où la révolution lui avait enlevé son abbaye, il ne lui restât qu'un revenu très borné, et qu'il éprouvât même quelque embarras par les circonstances, apprenant que 3oo livres suffisaient pour mettre le jeune homme en état de travailler à sa réputation, non seulement il remet la somme à M. Robert, mais voulant, par son extrême délicatesse, échapper à la reconnaissance de celui qu'il obligeait, il engage M. Robert à supposer que c'est un prêt que lui fait un homme riche. Quel-que temps après, ce bienfaiteur supposé étant mort, l'artiste voulait rendre à la succession la somme qu'il croyait lui devoir. M. Robert ne put que l'assurer que son véritable bienfaiteur ne voulait pas être connu, et qu'il n'était débiteur de personne. L'abbé de Saint-Non avait exigé le plus grand secret sur cette bonne action; sa mort seule a permis de la révéler.

Ses vertus civiques égalaient ses qualités sociales.

L'abbé de Saint-Non devait être l'ami de la révolution qui a régénéré la France, et il le fut en effet. Les principes de liberté et d'égalité qu'elle consacre, étaient depuis long-temps dans son cœur.

Quelques mois avant les États-Généraux, parut un Mémoire éloquent marqué au coin du génie, rempli de vérités hardies, et où il y avait des pages dignes de Tacite; toute la France y applaudit; l'ouvrage était d'un noble, ami de Saint-Non. On y lisait cette phrase remarquable : « La noblesse héréditaire est le « plus épouvantable fléau dont le ciel, dans sa colère, « ait pu frapper une nation libre. » Un tel écrit annonçait un ferme défenseur du peuple et de l'égalité; et, dès les premiers jours de l'assemblée des Etats, l'auteur tint un langage tout différent; il fit tous ses efforts pour empêcher la réunion des ordres. Jamais apostasie ne fut plus prompte et plus mal déguisée. L'abbé de Saint-Non, profondément affligé, ne pouvant en croire ses yeux, cherchait encore à douter. Il écrit une lettre publique et affectueuse à son ancien ami. Il cherche à l'ébranler; il le rappelle à la vertu; le conjure au nom de l'amitié, au nom de la patrie, d'employer ses rares talens pour la cause de la liberté. Il lui remet devant les yeux les passages les plus énergiques de son premier ouvrage, et termine ainsi sa lettre : « Le citoyen généreux, le loyal chevalier qui « a pensé, qui a écrit ces fortes, ces saintes vérités, « mériterait une statue de ses compatriotes, s'il les « soutient dans l'Assemblée Nationale; *si no, no.* » Ces derniers mots font allusion à l'épigraphe qu'avait prise l'auteur. Le noble fut sourd à cette voix, et Saint-

Non le raya, non sans regret, du nombre de ses amis.

Quand il fut question d'offrandes patriotiques, l'abbé de Saint-Non fut le premier des bénéficiers qui vint déposer la sienne sur l'autel de la patrie; il écrivit, à cette occasion, à l'Assemblée cette lettre [1], que nos législateurs ont jugée digne d'être conservée.

« Messieurs, pour être membre du clergé, on n'en « est pas moins patriote; je viens vous offrir, non le « quart de mon revenu, mais la moitié. Je n'ai qu'une » abbaye qui me rapporte 8,000 livres; je m'oblige « à en verser 4,000 dans le trésor public, dans le « courant du mois de janvier prochain. Il ne me reste « qu'un vœu à faire, c'est que tous les abbés com- « mendataires en fassent autant. » Cette lettre excita les plus vifs applaudissemens d'un côté de l'Assemblée, et des murmures de l'autre : on devait s'y attendre; mais les murmures furent étouffés, l'impression de la lettre ordonnée, avec l'insertion au procès-verbal. Mais le vœu qui la termine ne fut pas exaucé; Saint-Non eut peu d'imitateurs. Il est probable que si tous eussent suivi cet exemple, ils auraient épargné bien des malheurs à la France et à eux-mêmes.

Saint-Non soupirait après le moment qui devait terminer toutes nos querelles, et faire de tous les Français un peuple de frères; il croyait que, pour y parvenir, aucun sacrifice ne devait coûter. Il était enflammé du plus pur patriotisme; mais autant son

[1] 4 octobre 1789

âme s'élevait à l'idée de liberté, autant elle était affligée au récit des maux et des cruautés dont elle n'a été que le prétexte. D'une philosophie douce, indulgente, pleine d'humanité, ami de la tolérance universelle, tout ce qui portait l'empreinte de la violence et de l'injustice le révoltait; il gémissait sur la tyrannie de ces hommes qui, par leurs excès, calomnient le patriotisme et profanent la cause de la liberté. Les hypocrites et les persécuteurs lui étaient également odieux; mais surtout, un prêtre féroce et sans morale qui appelait la vengeance et la famine sur la tête de ses frères, lui paraissait une monstruosité dans l'ordre social, et le dernier terme de la perversité humaine.

Des manières ouvertes et prévenantes annonçaient la franchise de son caractère; il y avait quelque chose d'élevé dans son attitude; sa figure douce et animée était l'image fidèle de son âme; la bonté respirait dans ses traits, la sensibilité dans tous ses mouvemens. Je me représente quelquefois l'abbé de Saint-Non jeté dans une autre carrière; il avait, j'ose le dire, quelque chose de l'âme et de la douceur de Fénelon.

Il était difficile de connaître un tel homme et de ne pas l'aimer; son cœur était fait pour l'amitié. Le sentiment qui débordait chez lui, cherchait partout à se répandre; ce n'est que sur la fin de sa vie qu'il sentit le besoin de se resserrer; ses affections n'en devinrent que plus vives. Nous pourrions presque dire que c'est un éloge d'avoir été de ses amis. Il nous suffira de nommer, parmi les gens de lettres, MM. Chamfort, Chabanon, Désormeaux; parmi les artistes, MM. Robert et Fragonard, dont nous avons déjà parlé ; et M. Paris, dans qui il estimait le talent uni à l'esprit, et la grâce à la sensibilité.

Le charme de tant de liaisons affectueuses était couronné par l'amitié fraternelle, qui a fait le bonheur de sa vie entière : deux frères, amis dès le berceau, sans que jamais le plus léger nuage vînt altérer la pureté de cette union, offraient un tableau touchant, et peut-être l'image de la portion de bonheur qu'il est permis aux humains de goûter sur la terre. Ah ! sans doute, avec de tels sentimens, l'abbé de Saint-Non a été heureux, j'aime à le croire ; et, du moins, personne ne fut plus digne de l'être ; ses seuls, ses véritables chagrins, étaient de ne pouvoir suffire à soulager tous ceux qui s'adressaient à lui dans leurs peines.

Tel fut l'homme respectable, l'ami vrai, le citoyen vertueux, dont nous regrettons la perte. C'était pour lui que vivre est sentir. Il faisait tout avec âme, avec passion ; mais, né avec un tempérament délicat, son âme ardente avait usé cette frêle enveloppe : il s'éteignit rapidement, comme une lampe qui n'a plus d'aliment. Dans ses derniers momens, la séparation de ses amis, d'un frère si tendrement chéri et si digne de l'être, le sort de ses fidèles domestiques, causaient sa seule inquiétude ; dans les dispositions qui concernent ceux-ci, il consulta bien plus son cœur que sa fortune. Ses derniers soupirs furent cependant encore pour la chose publique. La veille de sa mort, ayant à peine la force de s'exprimer, il dit à un de ses amis, d'une voix mourante : « Et le patriotisme, se soutient-il ?... »

Ce furent ses dernières paroles. Depuis ce moment, quelques plaintes inarticulées, et un anéantissement total, annoncèrent sa fin prochaine.

L'amitié, les arts, la patrie, l'ont perdu le 25 novembre 1791, dans la soixante-quatrième année de son âge.

Sans doute, quelque autre plume saura payer à sa mémoire un tribut plus digne de lui, mais non dicté par un plus pur sentiment. Pour moi, dans ce peu de lignes, j'ai cherché quelque allégement à ma douleur. J'avais besoin de m'occuper de lui; j'ai soulagé mon cœur. Saint-Non, âme douce et tendre, reçois ce dernier hommage..... les larmes d'un ami..... mais non, je sens que ce ne seront pas les dernières.

DE L'IMPRIMERIE DE CRAPELET,
rue de Vaugirard, n° 9.